Blick auf die katholische Pfarrkirche Unsere Liebe Frau. Die Bamberger nennen sie einfach nur „Obere Pfarre". Das am Unteren Kaulberg im 14. Jahrhundert erbaute Gotteshaus beeindruckt mit seinem prächtigen gotischen Hochchor.

Bamberg

Das Wahrzeichen der Stadt bildet der spätromanisch-frühgotische Dom, dessen Grundstein man im Jahr 1004 legte. 1081 und 1185 fiel der Dom einem Brand zum Opfer. Der heutige Bau wurde unter Bischof Ekbert von Andechs-Meranien 1237 eingeweiht.

Klaus Fröba

Bamberg

in historischen Fotografien

SUTTON HEiMAT

Diese Künstlerpostkarte zeigt den Schönleinsplatz, wie er um 1920 aussah. Namensgeber für den heute verkehrsreichen Platz war der Arzt Johann Lukas Schönlein (1793–1854), der viele Jahre in Bamberg wirkte.

Einband vorn: Blick auf die Häuser am Ludwigskanal.
Vorsatz: Das Alte Rathaus mitten in der Regnitz.
Nachsatz: Blick auf die Bamberger Kirchen Ende des 18. Jahrhunderts.
Einband hinten: Die Altstadt um 1920.

Impressum

Sutton Verlag GmbH
Arnstädter Straße 8
99096 Erfurt
www.suttonverlag.de

ISBN: 978-3-96303-184-7
Druck: Florjančič Tisk d.o.o. / Slowenien
Gestaltung und Herstellung: Sutton Verlag

In diesem Buch wird aus Gründen der besseren Lesbarkeit das generische Maskulinum verwendet. Weibliche und anderweitige Geschlechteridentitäten werden dabei ausdrücklich mitgemeint, soweit es für die Aussage erforderlich ist.

Inhalt

Einleitung

Während nationale Grenzen immer stärker an Bedeutung verlieren, besinnen sich immer mehr Menschen auf ihre lokalen Wurzeln. Die eigene Stadt oder die eigene Region wird dabei häufig zu einem Bezugspunkt, dessen historische und kulturelle Entwicklung zu erklären vermag, wie unser Lebensstil entstanden ist, warum vieles so ist, wie es ist.

Um einem möglichst breiten Publikum einen Zugang zu den einstigen Lebensumständen und den Gefühlswelten vergangener Tage zu ermöglichen, möchte ich mit diesem Band anhand von historischen Fotografien und Ansichtskarten dokumentieren, wie sich Bamberg, seine Bewohner und ihr Alltag zwischen dem ausgehenden 19. Jahrhundert und den Wirtschaftswunderjahren verändert haben.

Ein Stadtbild vergangener Tage zu betrachten, bringt meist unweigerlich einen Hauch Wehmut mit sich, aber auch Freude am Entdecken und Erinnern, Staunen und Vergleichen. Den an der Stadt Bamberg und ihrer Geschichte interessierten Leser wird es hoffentlich freuen, dass jetzt ein Bildband vorliegt, der anhand von überwiegend unveröffentlichten historischen Fotografien längst vergangene Epochen der Stadtgeschichte wieder auferstehen lässt.

Dass Bamberg mit seinem unvergleichlichen Charme schon immer eine besondere Wirkung auf Besucher hatte und einen bleibenden Eindruck hinterließ, verdeutlichen die folgenden historischen Reisebeschreibungen, die ich dieser Zeitreise in die Vergangenheit voranstelle.

Bamberg in alten Reisebeschreibungen

„Bamberg, die üppig blühende königliche Stadt, liegt in der Gemarkung unseres hochberühmten und reichgesegneten fränkischen Heimatlandes, das meistens Ostfranken genannt wird und nicht die geringste unter den deutschen Landschaften ist. Diese Stadt – wegen der Gunst ihrer Lage und wegen anderer glänzender Vorzüge höchster Bewunderung würdig – leuchtet und strahlt unter den Städten wie die Sonne unter den Sternen. Ist es doch die Stadt, die sich in allen Stücken an Ruhm und Würde mit jeder beliebigen aus der Reihe der Städte messen kann, die nicht nur in diesen Zeitläuften als trefflich und berühmt gelten, sondern auch in den Überlieferungen der Vorzeit."

Albrecht von Eyb, *Lobspruch auf Bamberg*, 1451

„Je näher man gegen Bamberg kommt, je mehr bemerkt man, daß der Ton, selbst unter dem gemeinen Mann, weit gefälliger, freundlicher und höflicher als in Thüringen ist. Alles ist hier eifrig katholisch. Bamberg selbst ist eine ganz angenehme Stadt, sowohl ihrer Lage als Bauart nach, welche letztere etwas von der Leipziger hat."

C.M. Plümicke, *Briefe auf einer Reise durch Deutschland*, 1791

„Ich habe Bamberg lieb gewonnen und verlasse es ungern – der Abschied an der Regnitz tut mir weh. Ich sage ihr Lebewohl, als sei sie ein schönes Mädchen und eine Blume in ihres Busens Wellen sinken lassend, rief ich: Denke mein!“

H. Fürst von Pückler-Muskau, *Vorletzter Weltgang von Semilasso*, 1835

„Das ist eine Stadt, die steckt voll Raritäten, wie die Kommode einer alten Großmama, die viel zusammenscharrte. Der Anblick der Stadt ist besonders stattlich, weil sie wie Rom auf sieben Hügeln erbaut ist.“

K. Immermann, *Fränkische Reise*, 1837

„Wenn man auf der Karte von Deutschland eine Linie von Lüneburg bis Innsbruck herab, und dann eine andere nach der Quere von Luxemburg bis Prag zieht, so fällt die Kreuzung derselben in eine Stadt, welcher man gar keine Ehre antut, wenn sie mit Florenz oder Genua verglichen wird. Gott bewahre! Bamberg hat ihr originelles Schönheitsrecht, und wer noch nicht dagewesen ist, der mache sich eilig auf und reise hin, damit nicht ein Brand oder ein Erdbeben ihm die trostlose Wahrheit ließe, er müsse sterben, ohne diese kostbare Stadt gesehen zu haben!“

A.F. Siebert, *Kirchner und Thürmer*, 1842

Das Stadtwappen zeigt auf einem roten Schild einen Ritter in silberner Rüstung mit einem roten Kreuz auf der Brust und einem Langschwert am Gurt. In der rechten Hand hält er eine Lanze mit silbernem Fähnlein, darauf ein rotes Kreuz, die linke stützt er auf einen blauen Schild mit silbernem Adler.

„In Deutschland kann sich an Schönheit der Lage nur Prag mit Bamberg messen. Macht Prag einen ungleich großartigeren und imposanteren Eindruck, so hat Bamberg wieder durch die große Heiterkeit und Freundlichkeit und die herrliche Aussicht auf die gesegnete Umgegend einen wunderbaren Reiz."

G.F. Waagen, *Kunstwerke und Künstler im Erzgebirge und Franken,* 1843

„Bamberg ist stattlich und vornehm durch die alte bischöfliche Residenz, den Dom, viele Kirchen und Paläste. Reges Leben herrscht in den Mauern der gar freundlichen Stadt, alter strenger Glaube unter den braven Bürgern, hohe Kultur unter den Kohlköpfen, Rüben, Bohnen und Schoten. Bald fesselt uns die abnorme Schleife einer von ihren grünen Herrlichkeiten umgebenen hübschen Gärten, bald zieht ein Pikett schmucker Chevaulegers vor den neuen sauberen Häusern kokettierend vorüber, rechts und links feurige Blicke nach hübschen Mädchen austeilend. Es ist auffallend, wie rührig das kleine Bamberg im Vergleich zu dem ernsten Nürnberg dem Fremden entgegentritt."

C.G. Frege, *Harmloses Unkraut. Reiseblätter aus Baiern,* 1846

„Was in Bamberg begeistern und erheben kann, ist die alte Architektur, die sich überall zeigt. Hoch ragen die Türme des Doms über die alten Häuser der Stadt, die aus der Zeit des Mittelalters, der Renaissance und des Zopfes stammen. Malerisch gruppieren sich am Fuße alte Gebäude, überragt vom Michelsberger-Kloster, belebt von den Schiffen, die am Ufer landen. Steinerne Brücken, an einer das Rathaus mit zopfigen Fresken in der Mitte der Stadt, zaubern, besonders im Mondschein, ein deutsches Venedig den Augen vor."

August Geist, *Tagebuchnotizen,* 1859

„Wir gingen nach Bamberg, wo wir drei Tage blieben. Prächtige Kirchen des Mittelalters, darunter der Dom mit vier ganz vollendeten Türmen. Viele Brücken. Viel Rokokobau. Eine der am meisten malerischen Stellen die Brücke vor dem Rathaus auf der kleinen Insel. Es gibt hier 1.300 Protestanten, welche ihre Kirche haben."

F. Gregorovius, *Römische Tagebücher,* 1871

„Von Nürnberg mit der Eisenbahn, der ‚Rauchchaise', wie man sie damals scherzhaft nannte, erblickte ich sehnsüchtig das schon weithin sichtbare und viel gepriesene Bamberg. Es ging gerade ein Regenschauer nieder und die Kopfsteinpflaster sahen aus wie frisch gewaschene Gesichter. Um den Bahnhof haben sich Brauereien, Mälzereien und Hopfenhändler angesiedelt. 1910 hatte man hier 48.000 Einwohner gezählt. Es dominieren die vielen Gärtnereien, aber auch größere Fabriken, die zahlreiche Bamberger Familien Lohn und Brot bieten. Die Stadt hat mich entzückt mit seinen reichen Kirchen und Klöstern."

Johann Kässler, *Bayreuther Tagebuch,* 1911

1

Häuser, Straßen und Plätze

So präsentierte sich das Panorama mit Dom, Residenz und Kloster Michaelsberg im Jahr 1904. Einem Reisebericht des Prinzen Johann Ernst von Sachsen-Gotha von 1654 ist zu entnehmen, „daß diese Stadt für den lustigsten Ort fast in ganz Teutschland gehalten werde, dahero man das Sprichwort zu sagen pflegt: Wenn Nürnberg mein wäre, wollt' ich's in Bamberg verzehren." Bamberg wurde einmal als „Symphonie in B" bezeichnet: Bürger, Burg, Barock und Bier. Genau betrachtet, wird die Stadt nämlich von drei Strömen durchflossen: vom rechten und linken Arm der Regnitz sowie vom schäumenden Gerstensaft.

Die Münchner haben ihre Frauenkirche, die Bamberger den Dom, der übrigens 464 Jahre älter ist als der in der Landeshauptstadt. Rechts die Neue Residenz, die sich anmutig über die Dächer der Altstadt erhebt.

Das Alte Rathaus mitten im linken Regnitzarm geht im Kern auf das 14. Jahrhundert zurück und ist das am meisten fotografierte Objekt in der Domstadt. Die Abbildung entstand um 1890.

Das Alte Rathaus im Jahr 1929. Damals lag das Rottmeisterhäuschen neben dem Brückenturm noch unter einer dicken Putzschicht.

Seit mehreren Jahren erstrahlt das Häuschen aus dem 15. Jahrhundert wieder in seinem ursprünglichen Glanz – als schmucker Fachwerkbau.

Blick von der Karolinenstraße auf das Rathaus um 1895. Die Straßenbahn fuhr so langsam, dass man während der Fahrt gerne einen Auf- oder Absprung wagen konnte, wenn man den Fahrpreis nicht bezahlten wollte.

Durch den Turm am Alten Rathaus fuhr um 1900 noch die Straßenbahn. Passanten stellten sich für den Fotografen auf.

Auf dem um 1910 entstandenen Foto ist das Königlich-Bayerische 5. Infanterie-Regiment, das von 1872 bis 1919 in Bamberg stationiert war, bei einem Marsch in Richtung Karolinenstraße zu sehen. Auch 1801 war kurzzeitig Militär in der Domstadt einquartiert.

Zu Beginn des 20. Jahrhunderts ein idyllischer Blickfang: Partie an der Regnitz mit Blick auf das Alte Rathaus. Bamberg verfügt über eine Besonderheit, es besteht „überall nur aus Mittelpunkten", wie Jean Paul es formulierte, aus unzähligen Inseln, sodass jedermann jederzeit irgendwo in dieser Stadt ein Plätzchen findet, wo er nach seiner Façon selig werden kann.

Am Kranen schlug man einst Güter und Waren um, die per Schiff auf der Regnitz, dem Main oder auf dem Ludwigskanal befördert wurden. Die Schiffe konnten eine Last von 120 Tonnen transportieren.

Blick auf das winterliche linke Regnitzufer. Im Hintergrund sind der Dom und ganz rechts die Türme von St. Michael zu sehen. Die Ansichtskarte trägt den Poststempel von 1902 und wurde nach Herzogenaurach verschickt.

„Klein-Venedig" wird die ehemalige Fischersiedlung an der Regnitz heute genannt. Statt Palästen wie in der Lagunenstadt Venedig stehen hier malerische mit Holzgalerien versehene Fischerhäuser, meist aus dem 17. und 18. Jahrhundert. Vor dieser Kulisse findet das traditionelle Fischerstechen statt und auch einen Gondoliere kann man für eine Flussfahrt engagieren.

Von der Unteren Brücke und vom gegenüberliegenden Leinritt hat man einen fantastischen Blick auf „Klein-Venedig". An der ehemaligen Schiffslände, am Kranen, wurde einst Handel mit Fischen und allerlei Waren betrieben. Noch heute existiert in Bamberg eine Fischerzunft. Links sieht man die Statue der Heiligen Kunigunde, der Frau des Kaisers Heinrich II., die von den Bambergern nach wie vor verehrt wird.

Der Maximiliansplatz, auch als „Maxplatz" bekannt, entstand 1804 durch Abbruch der alten Martinskirche. Heute präsentieren sich hier im Sommer die Bamberger Brauereien mit ihrem Gerstensaft und in der Adventszeit findet der Weihnachtsmarkt statt.

Im Priesterseminar am Maximiliansplatz, das ab 1730 von Balthasar Neumann entworfen wurde, befand sich bis 1925 die Unterrichtsstätte für angehende katholische Geistliche. Im selben Jahr erwarb die Stadt das ansehnliche Gebäude, das nun als Rathaus dient.

Den Maximiliansbrunnen am Maxplatz schuf 1888 Ferdinand von Miller. Die Bronzefiguren zeigen König Maximilian I. Joseph von Bayern, umgeben von Kaiser Heinrich II., seiner Frau, der Heiligen Kunigunde, dem Heiligen Otto sowie König Konrad III. 1971 wurde der Brunnen an seinen jetzigen Standort versetzt, ursprünglich befand er sich in der Mitte des Platzes.

Wie überall im Deutschen Reich wurden während des Ersten Weltkriegs auch in Bamberg die Lebensmittel knapp und daher rationiert. Die Menschen standen bei der Lebensmittelvergabe Schlange, wie hier bei der Verteilung von Kartoffeln am Maxplatz im Jahr 1916.

S. LEVY & Co

Der Grüne Markt wird beherrscht von der mächtig anmutenden katholischen Stadtpfarrkirche St. Martin, deren Bau 1686 begonnen und die im Jahr 1693 geweiht wurde. Die Pläne lieferten die berühmten fränkischen Baumeister Georg und Leonhard Dientzenhofer. Sehenswert sind auch die großbürgerlichen Barockhäuser. Rechts ist der „Gabelmo-" oder Neptunbrunnen zu sehen, im Sommer beliebter Treffpunkt für Studenten und Touristen. „Das Herz der Stadt schlägt am Grünen Markt", sagen die Einheimischen.

Wie durch ein Wunder blieb Bamberg im Zweiten Weltkrieg weitgehend von Bombardierungen verschont, 1944 nahmen die Alliierten jedoch den Grünen Markt sowie Teile der Innenstadt unter Beschuss. Die zerstörte Bausubstanz baute man nach 1945 im alten Stil wieder auf.

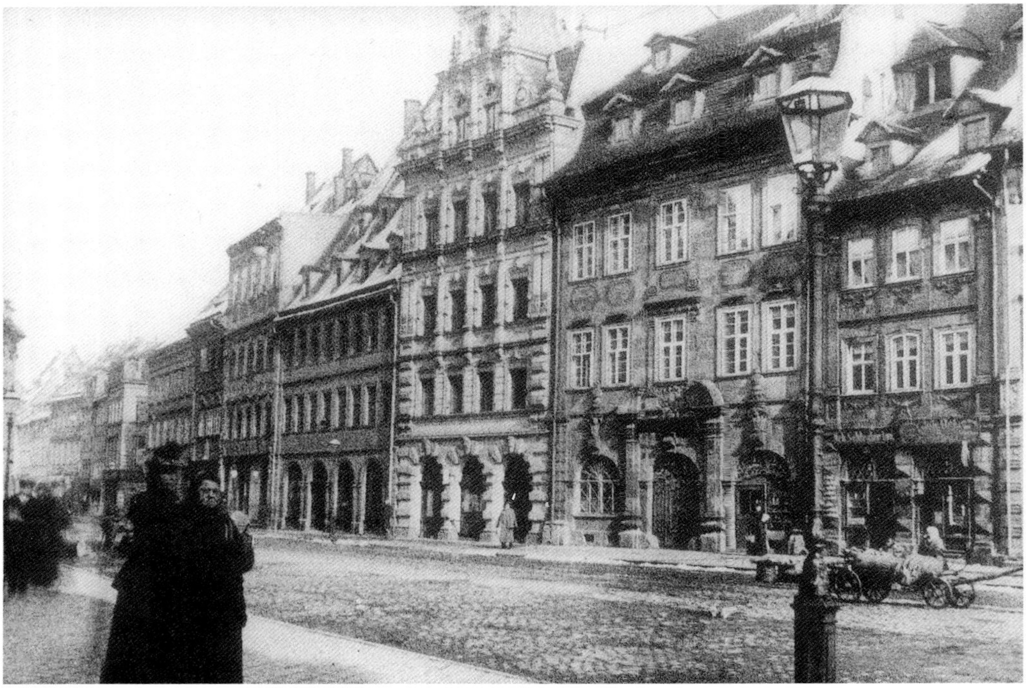

G. Mannheim

Der mit Kopfsteinpflaster versehene Grüne Markt war noch kurz vor 1900, als dieses Foto entstand, eine wichtige Verbindung zwischen den beiden Flussübergängen. Mit der einsetzenden Motorisierungswelle in den 1960er-Jahren wurde die Straße zur Fußgängerzone umgestaltet und zum Ruhepol für vom Autoverkehr stressgeplagte Mitbürger erklärt.

Die Straßenbahn fährt um 1900 über den Grünen Markt. Bamberg war die erste Stadt in Oberfranken, die über eine Straßenbahn verfügte.

Schon um 1910 herrschte am Grünen Markt reges Treiben. Auch heute ist er noch ein Platz der Eile, der offenen Kaufhaustüren, die unablässig Leute verschlucken und wieder ausspucken. Das Bild zeigt den Grünen Markt in Richtung der Langen Straße. Die Häuser im Vordergrund wurden im letzten Krieg zum Teil zerstört.

Fronleichnamsprozession 1932 am Grünen Markt. Büttner und Bierbrauer tragen die Statue des Heiligen Laurentius. Das Fronleichnamsfest wurde in der Katholischen Kirche erstmals 1246 gefeiert und ist seit Mitte des 14. Jahrhunderts mit einer Prozession verbunden, in der die geweihte Hostie in einer Monstranz mitgeführt wird.

Grüner Markt 16. In diesem großbürgerlichen Barockbau aus dem frühen 18. Jahrhundert eröffnete die 1957 gegründete Volksbank Bamberg ihre Schalter.

Die 1902 entstandene Aufnahme zeigt Marktfrauen mit ihren Erzeugnissen. „Die Gemüse spielen übrigens in Bamberg eine große Rolle. Auf dem Markt sind die Pflastersteine sogar nummeriert, auf denen die Verkäufer derselben sitzen und ein Freund der Naturschönheiten darf diesen pittoresken Anblick nicht versäumen." (Fürst Pückler reist in Franken, 1935)

„Marktweiber" 1913 am Grünen Markt. Schon kurz vor Morgengrauen herrscht reges Leben und Treiben, wenn die Marktstände aufgebaut werden. Ob es stimmt, was ein Zeitgenosse 1792 niederschrieb, „daß die Gemüse- und Obsthändler ein starker, arbeitsamer, eben nicht schöner Schlag Leute (seien), der sich durch Grobheit und Unreinlichkeit auszeichnet"?

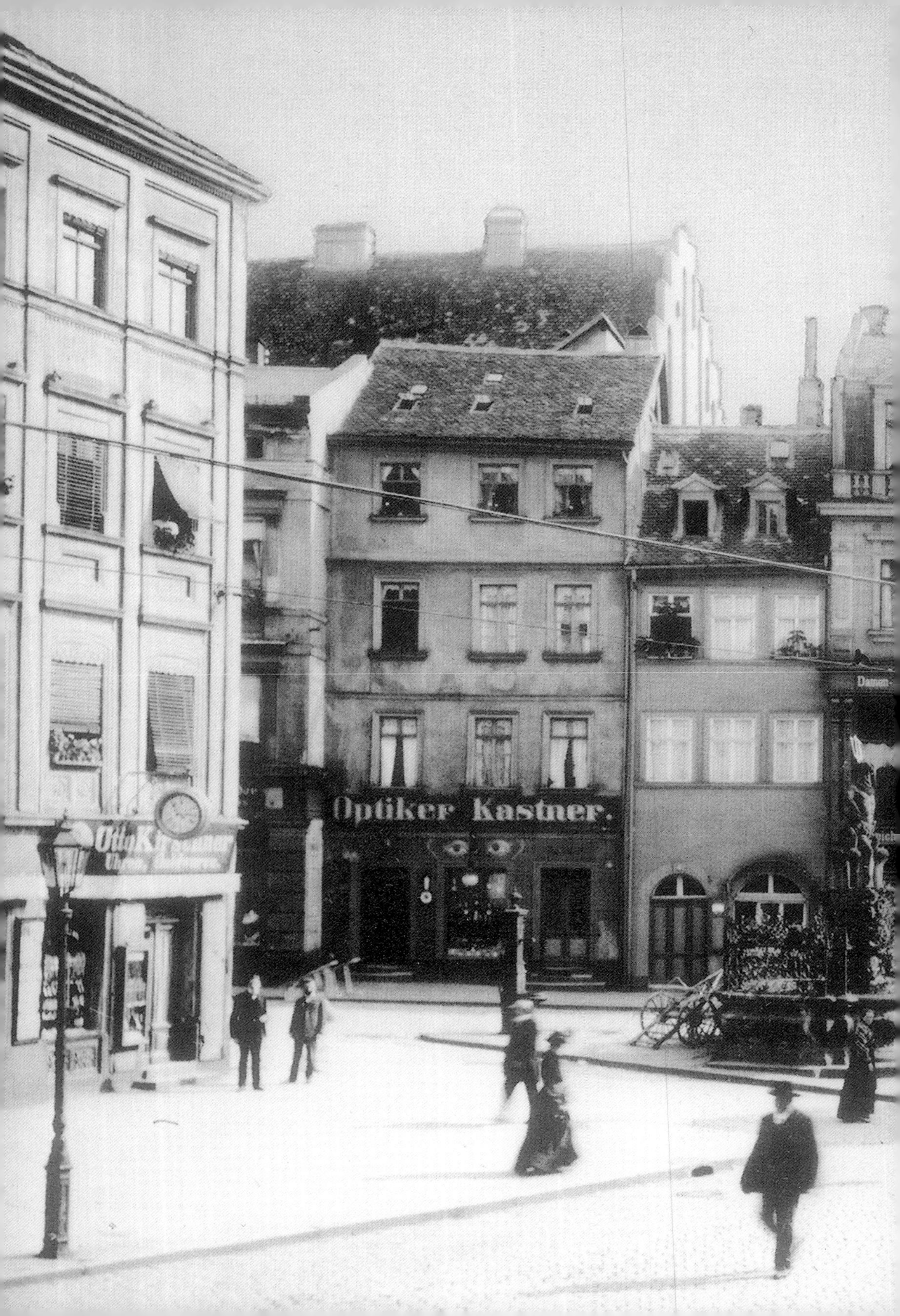
Optiker Kastner.

Der Grüne Markt mündet in den Obstmarkt, der hier im Jahr 1907 zu sehen ist.

Der Grüne Markt um 1910. Im Hintergrund ist die Martinskirche zu erkennen und ganz links die Einhorn-Apotheke.

CIGARR

Keller &
Tabake.
Cigarren
Cigaretten
Tabake

‹ Die Lange Straße hat sich in den letzten 100 Jahren wenig verändert. Wie der Obstmarkt geht auch die Lange Straße vom Grünen Markt ab und ist neben diesem der repräsentativste Straßenraum der Innenstadt. Beidseits mit dreigeschossigen Traufseithäusern bebaut, wird sie durch das spätgotische Patrizierhaus zum Saal (Lange Straße 3) eröffnet.

Das 1899 entstandene Foto zeigt die Hauptwachstraße mit dem früheren Stadtgraben.

‹ Hauptwachstraße 16. Die Hauptwache mit ihren Erdgeschossarkaden aus dem Jahr 1772 geht auf einen Entwurf von Johann Georg Roppelt zurück. Der zweigeschossige Sandsteinbau mit Mansarddach beherbergte bis 1992 das Städtische Fremdenverkehrsamt.

Wie ein Lauffeuer muss es sich 1896 bei den Bewohnern der Hauptwachstraße herumgesprochen haben, als ein Fotograf erschien und seinen „Zauberkasten" aufbaute, um dieses Motiv im Bild festzuhalten.

1922 bezog die am 8. März 1839 in Scheßlitz gegründete Bezirkssparkasse – seit 1939 Kreissparkasse – dieses stattliche Haus an der Ecke Luitpoldstraße/Königstraße. Nach mehreren Domizilen – die sprunghafte Entwicklung in den letzten Jahrzehnten machte einen Erweiterungsbau erforderlich – konnte 1986 ein Neubau eingeweiht werden.

1844 erreichte die Ludwig-Süd-Nord-Bahn die Stadt. Zu dieser Zeit wurde auch der Bahnhof nach Plänen des Münchner Architekten Friedrich Bürklein erbaut. Einige Jahre später erweiterte man die Trasse über Kulmbach und Hof bis nach Leipzig und verband so den süddeutschen mit dem sächsischen Wirtschaftsraum.

Die um 1950 entstandene Fotografie zeigt das alte Hauptpostamt in der Ludwigstraße 25, das bis zum Jahr 1972 in Betrieb war. Das Postamt umfasste flächenmäßig das größte postalische Einzugsgebiet in Deutschland.

Gärtnerhäuser in der Mittelstraße. Der Großteil der meist eingeschossigen Traufseithäuschen entstand im 19. Jahrhundert. Sie sind so klein, dass man bei Regen aus der Dachrinne trinken oder seinen Hausschlüssel dort deponieren konnte. Da auf den Feldern rings um die Stadt neben vielerlei Gemüse seit alters her auch Zwiebeln angebaut werden, tragen die Bamberger den Spitznamen „Zwiebeltreter".

Das Gärtnerviertel in der Nürnberger Straße, so wie es noch in den 1950er-Jahren aussah. Heute ist die Straße vom Autoverkehr stark frequentiert.

Das Gebäude in der Luitpoldstraße 49 (Brandversicherungsamt) wurde anlässlich des 16. Bayerischen Turnfestes, das vom 16. bis 19. Juli 1926 stattfand, geschmückt, 1889 von der damals Königlichen Brandversicherungskammer für 22.000 Mark erworben und im Jahr 1967 durch einen Neubau ersetzt.

Die Luitpoldstraße beeindruckt im Jahr 1907 mit ihren in den letzten Jahrzehnten des 19. Jahrhunderts errichteten Bürgerhäusern. Altere Bamberger bezeichnen die Straße liebevoll als „Gründerzeit-Avenue". ▾

◂ Auf dem Schönleinsplatz herrschte schon 1912 viel Verkehr. Früher belebten ihn Straßenbahnen und Fuhrwerke, heute beherrscht eine Unzahl von Automobilen den Platz.

Diese Aufnahme von 1889 zeigt das Alte Schützenhaus am Schönleinsplatz. Dort trafen sich die Mitglieder der Bamberger Schützengesellschaft zur Pflege des Schießsports und zur Erhaltung der Schützentradition. Die Schützengilden gehen bis in das späte Mittelalter zurück, als es galt, die Städte vor feindlichen Übergriffen zu schützen. Das Alte Schützenhaus musste Ende des 19. Jahrhunderts einem Neubau weichen.

◂ Der Schönleinsplatz, wie er um 1910 aussah. Links das „Hotel Bellevue", in dem wuchtigen Gebäude rechts bot die Königliche Filialbank, später Bayerische Staatsbank, ihre Schalterdienste für die Bamberger an.

Blick zum Schillerplatz. Wie die Aufnahme von 1908 verdeutlicht, kleidete sich die Damenwelt damals recht schick ein.

Das Oberlandesgericht, auch „Justiztempel" genannt, am Wilhelmsplatz 1. Die repräsentative mit Turm und Formen der deutschen Renaissance 1900/03 erbaute mehrflügelige Anlage beherrscht die Stadtsilhouette.

Die ehemalige Oberpostdirektion am Wilhelmsplatz 3. Das barocke, wie ein Adelspalais anmutende Gebäude schuf Professor Fritz Fuchsenberger als Gegenstück und Gegengewicht zum nahen Justizpalast in zweijähriger Bauzeit von 1909 bis 1910.

Die Königstraße hatte einst eine große Bedeutung für die Stadt, denn der gepflasterte Fuhrweg lag an einer wichtigen Fernverbindungsroute von Nord- nach Süddeutschland.

Die Königstraße, benannt nach König Ludwig I. von Bayern, im Jahr 1890. Im Haus mit der Nummer 23 befand sich eine Schmiede.

Gemächlich führt die Straßenbahn um 1900 durch die Obere Königstraße.

Sobald ein Mann mit einem „photographischen Apparat“ in Sicht war, stellten sich sofort Passanten auf, wie hier um 1915 an der Adler-Apotheke in der Königstraße. In den Häusern entstand im Laufe der Zeit für die vielen Durchreisenden eine größere Anzahl von Gastwirtschaften. Wurde ein Gast wegen ungebührlichen Verhaltens vom Wirt aus dem Lokal geworfen, landete er meist gleich gegenüber im nächsten Wirtshaus, so berichten manche Bamberger.

Blick von der Concordiastraße in Richtung Judengasse im Jahr 1937. Verwinkelte, schmale und abschüssige Gassen mit Kopfsteinpflaster erinnern noch heute an eine fast dörfliche Kleinstadtidylle.

Blick zu den 70 Meter hohen Domtürmen. Romantische Gassen, gesäumt von alten Fachwerkhäusern mit hübschen Fassaden machen Bamberg zu einem beliebten Ziel für Touristen.

1891 zeigte sich der Markusplatz noch mit einer uneinheitlichen Häuserfront. Längst hat der Platz sein ursprüngliches Aussehen verloren.

Majestätisch überragt die ehemalige Benediktinerabtei St. Michael auf einem der sieben Hügel die Altstadt. Rechts ist die alte Markusbrücke zu sehen.

Persil
AMOL
MAGGI
MAGGI
1678

◂ Durch die Dominikanerstraße, die eigentlich eher eine Gasse ist, vorbei am „Schlenkerla“, fuhr um 1920 noch die Tram. So menschenleer wie zum Zeitpunkt der Aufnahme ist das Sträßchen heute selten, denn der Bereich um die Sandstraße entwickelte sich zu einem Touristenmagnet.

Das Allgemeine Krankenhaus in der Unteren Sandstraße 32 um 1900. Die dreiflügelige Anlage wurde in den Jahren 1787 bis 1789 erbaut. Mit Adalbert Friedrich Marcus, dem Leibarzt des Fürstbischofs Franz Ludwig von Erthal, entstand ein für diese Zeit vorbildlicher Krankenhausbau. Aus einer zeitgenössischen Beschreibung geht hervor, dass „jedem Patienten ein Nachtstuhl zur Verfügung stehe, eine Waschküche vorhanden sei und man über eine eigene Hofhühnerzüchterei verfüge“. Im Frühjahr 1984 bezog man das neue Klinikum am Bruderwald.

Die 1829 in Betrieb genommene Kettenbrücke hieß früher Ludwigsbrücke, benannt nach König Ludwig I. von Bayern. Am 11. April 1945 wurde sie kriegsbedingt gesprengt.

Die Marienbrücke, einst als Luitpoldbrücke dem Prinzregenten Luitpold von Bayern gewidmet, wurde am 20. September 1890 eingeweiht und führt über die Regnitz zum Marienplatz. In den letzten Kriegstagen 1945 wurde sie zerstört.

Das katholische Gesellenhaus am Mittleren Kaulberg mit Biergarten. Gesellenhäuser entstanden im Übergang zur Industriegesellschaft im 19. Jahrhundert als freie Zusammenschlüsse von selbstständigen Handwerkern auf fachlicher oder konfessioneller Grundlage – mit dem Ziel, Fortbildung zu fördern und Geselligkeit zu pflegen.

Partie am Kaulberg in den 1910er-Jahren mit Blick zum Dom.

M. Wagner

Arbeiterwohnhäuser der Mechanischen Baumwoll-Spinnerei und Weberei Bamberg. Die 1858 gegründete Firma beschäftigte zeitweise bis zu 1.800 Mitarbeiter. Die benötigten Arbeitskräfte wurden aus dem Umland angeworben. Um den Arbeitern weite Wege zu ersparen, wurde eine Werkssiedlung gebaut. Die Mieten betrugen im Schnitt 103 bis 120 Mark. ›

Blick über die Regnitz zur Hölle, dem Arme-Leute-Viertel, im Jahr 1884.

Die jüdische Synagoge um 1910. Bereits in der zweiten Hälfte des 12. Jahrhunderts gab es in Bamberg eine bedeutende jüdische Gemeinde. Das sogenannte Judenviertel schloss sich an die Bürgersiedlung im Sand an. In der Pogromnacht am 9./10. November 1938 wurde die Synagoge in Brand gesteckt und nicht wieder aufgebaut. 1925 lebten 972 Juden, 1939 nur noch 394 jüdische Bürger in der Stadt. Inzwischen gibt es wieder eine etwa 1.000 Mitglieder umfassende jüdische Gemeinde mit einer modernen Synagoge in der Altstadt. ›

Die Remeis-Sternwarte geht zurück auf die Privatinitiative des Bamberger Juristen und Hobbyastronomen Dr. Karl Remeis (1837–1882). Dieser vermachte der Stadt Bamberg sein Vermögen testamentarisch, unter der Auflage, eine Sternwarte zu errichten. 1889 konnte diese in Betrieb genommen werden. Seit 1962 ist die Sternwarte als Astronomisches Institut der Universität Erlangen-Nürnberg angegliedert.

Blick von Nordosten auf die seit 1807 evangelische Pfarrkirche St. Stephan auf einem der sieben Hügel, die einzige von einem Papst geweihte Kirche nördlich der Alpen. Das ehemalige Chorherrenstift geht auf die Gründung einer bischöflichen Eigenkirche von 1009 zurück.

Als diese Fotografie um 1900 entstand, verfügte Bamberg als eine der ersten Städte Frankens bereits über eine Taubstummenanstalt. Diese war am Oberen Stephansberg beheimatet und wurde nach dem Ersten Weltkrieg aufgelöst.

Blick über die Dächer der Altstadt zum Dom im Jahr 1908. „Wie ein göttlicher Fingerzeig ragen die vier Türme gen Himmel", schrieb ein „Wanderer durch Franken – Erinnerungen und Denkwürdigkeiten" vor knapp zwölf Jahrzehnten.

Partie am Teufelsgraben. Dem Volksmund zufolge wurde hier vor langer Zeit der Teufel gesehen.

Ein Wohnhäuschen in der Altenburger Str. 7 um 1894. Hier wohnte ein Schumacherehepaar mit seinen sieben Kindern.

‹ Leinritt mit Blick zum Michaelsberg. Seit 2009 wird an den Hängen des ehemaligen Benediktinerklosters wie bereits vor dem Dreißigjährigen Krieg wieder Wein angebaut, der erstmals 2011 als „Bamberger Stiftsgarten" verkauft wurde.

In den 1930er-Jahren konnte man auf dem Ludwig-Donau-Main-Kanal mit dem Schiff noch Ausflugsfahrten unternehmen. Hauptsächlich wurde der Kanal aber von mit Holz beladenen Lastkähnen befahren, die auf Treidelwegen von Pferden gezogen wurden. 1843 war die Strecke Bamberg–Nürnberg in Betrieb genommen worden, nach dem Zweiten Weltkrieg wurde der Kanal stillgelegt. Auf dem ehemaligen Kanalbett verläuft heute der „Frankenschnellweg".

Ignatz Tobias Böttinger, Hofbeamter des Fürstbischofs Lothar Franz von Schönborn, erbaute sich dieses traumhafte Palais in den Jahren 1715 bis 1722 am Ufer der Regnitz. Den zweiflügeligen Bau, der jedem Bamberger als „Villa Concordia“ ein Begriff ist und von der Stadt für Kunstausstellungen genutzt wird, entwarf der in Franken bekannte Baumeister Leonhard Dientzenhofer. Die Aufnahme entstand 1930.

Die Bamberger machten schon immer gerne – wie auf dem 1907 entstandenen Foto zu sehen ist – einen Spaziergang zum Michaelsberg, abgekürzt auch liebevoll „Michl" genannt. Dort konnte man es sich in dem fast italienisch angelegten Klostergarten gemütlich machen, sein von Mönchen gebrautes Bier genießen und sich mit Kaffee und Kuchen verwöhnen lassen. Ein „Seidla" Bier kostete sage und schreibe 24 Pfennig! Wer meint, dass man da öfter einmal eine Halbe über den Durst trinken konnte, irrt sich gewaltig, lag der Stundenlohn eines Fabrikarbeiters im Jahr 1882 doch nur bei 27 Pfennig, bei einem Tagelöhner sogar lediglich bei 17 Pfennig.

Das Bamberger Stadtgebiet ist an Martern nicht weniger reich als das Umland. Einige dieser Denkmäler aus dem 17. und 18. Jahrhundert stehen in der Egelseestraße. Das Bildnis an der Mauer einer Gärtnerei zeigt einen Reliefstein mit dem Gekreuzigten, Maria und Maria Magdalena. Die sogenannte Beckenmarter mit Zunftwappen der Bäcker befindet sich in der Egelseestraße 69–71 und ein weiteres Flurdenkmal, Christus am Kreuz, ist bei der Hausnummer 99 zu finden.

„Die Altenburg besitzt das heiligste Anrecht, in der Reihe schöner Gegenden Deutschlands genannt zu werden. Ein Besuch der stattlichen Burg gehört zu den schönsten Erinnerungen, hat doch Mutter Natur die Altenburg mit der köstlichen Perle geschmückt, die es in Franken gibt", so urteilt ein Zeitgenosse von 1841. 1109 wird die Burg erstmals erwähnt und beherbergte im 14. Jahrhundert 23 Bamberger Bischöfe.

2

Der Domberg: Dom, Alte Hofhaltung und Neue Residenz

Fast majestätisch erhebt sich der Dom über den linken Regnitzarm. Das heutige Gotteshaus, unter Bischof Ekbert 1237 errichtet, hatte zwei Vorgängerbauten, den Heinrichsdom (Grundsteinlegung 1004), der 1081 abbrannte, und einen Nachfolgebau, der 1185 den Flammen zum Opfer fiel.

Die Alte Hofhaltung wird 902 erstmals urkundlich erwähnt und war der auserwählte Aufenthaltsort Heinrichs II. Sie diente später als Residenz der Bamberger Bischöfe und heute als Historisches Museum.

Die Neue Residenz gegenüber der Alten Hofhaltung ließ sich Fürstbischof Lothar Franz von Schönborn 1695 erbauen. Da er viel in Franken baute, bezeichnete sich von Schönborn selbst als „Bauwurmb".

Hinter der Neuen Residenz befindet sich der im 18. Jahrhundert angelegte Rosengarten, einer der schönsten Ruheplätze der Stadt mit herrlichem Blick auf Alt-Bamberg.

Blick auf das Ensemble aus Dom und Alter Hofhaltung.

Der berühmte Bamberger Reiter im Dom ist ein Werk eines unbekannten Meisters, geschaffen zwischen 1230 und 1240. Wer ist dieser königliche Jüngling? Diese Frage beschäftigte schon viele Gelehrte. Kunsthistoriker vermuten, dass es sich entweder um den Ungarnkönig Stephan, um Kaiser Konstantin oder um den Stauferkönig Konrad III. handelt.

Die Plastiken im Dom zählen zu den bedeutendsten Kunstwerken des Abendlandes. Die Marienfigur aus dem 13. Jahrhundert befindet sich am mittleren Pfeiler der nördlichen Chorschranken des Ostchores. Der Schöpfer dieses ausdrucksvollen Bildnisses ist ebenfalls unbekannt.

Kaiser Heinrich II. (973–1024) und Kaiserin Kunigunde (um 980–1033) an der Adamspforte das Doms.

Die Neue Residenz. 1932 parkten bereits die ersten Automobile auf dem Domplatz.

Zwei Flügel der Neuen Residenz begrenzen den Domplatz. Lothar Franz von Schönborn, Kurfürst von Mainz und Fürstbischof von Bamberg, ließ diesen Palast 1697 von Leonhard Dientzenhofer erbauen. Damit entstand der erste große Schlossbau in Franken. Die dreigeschossigen Platzfronten wurden aus gelbem Sandstein errichtet und werden von der gleichförmigen Reihung der Fenster bestimmt. Das Schlossinnere atmet noch heute die Atmosphäre des Barock. In über 40 Räumen wird hier ein Querschnitt der Dekorationskunst und des Kunsthandwerks des 17. und 18. Jahrhunderts präsentiert.

Eine 3.500 Quadratmeter große Terrasse mit dem Rosengarten grenzt an die Residenz an. Von dort bietet sich dem Besucher ein herrlicher Blick auf Bamberg. Der Garten selbst ist durch ein zentrales Wegekreuz gegliedert, in dessen Schnittpunkt ein rundes Brunnenbecken steht. Die Skulpturen schuf Ferdinand

Dietz 1760. Ein architektonischer Bezugspunkt des Gartens ist der 1757 fertiggestellte, zierliche Pavillon, in dem sich heute ein Café befindet. In den Sommermonaten verbreiten die rund 4.500 Rosen ihren Duft und erstrahlen in ihrer Blütenpracht.

Blick über den Domplatz zur Alten Hofhaltung im Jahr 1911.

Die Domgasse mit den Domherrenhöfen aus dem Mittelalter. Einst bedeckten die Wohnhäuser der hohen Geistlichkeit fast den ganzen Domberg. Erst in der Neuzeit wurde ein Teil von ihnen von den fürstlichen Residenzbauten verdrängt.

Durch das figurengeschmückte Doppeltor aus dem 16. Jahrhundert, die „Schöne Pforte", gelangt man in den Innenbereich der Alten Hofhaltung, wo man die herrlichen Fachwerkbauten mit ihren Laubengängen besichtigen kann.

Die Alte Hofhaltung beherbergte neben der Wohnung des Bischofs, der Kanzlei und Räumen für das Personal auch Stallungen, eine Schmiede, Vorratsräume sowie einen Fuhrpark.

3

Kirchen und Klöster

In Bamberg gibt es eine große Anzahl von Kirchen und Klöstern. Alle aufzuzählen, würde den Rahmen dieses Buches bei Weitem sprengen. Die ältesten Sakralbauten sind der Dom von 1012 mit den Dompatronen Hl. Peter und Hl. Georg, die Stephanskirche von 1020 und die Kirche St. Jakob von 1065. Die ältesten Klöster sind das Benediktinerkloster Michaelsberg (1015), die Benediktinerpropstei St. Getreu (1123) sowie das Karmelitenkloster St. Theodor (1139).

„Der Michelsberg, eine ehemalige Benediktiner-Abtei, welche jetzt zu einem allgemeinen Versorgungshaus alter Bürger umgewandelt worden ist, erfreut sich durch Schönheit seiner Gebäude und Lage und durch die köstliche Aussicht, die man von seiner Terrasse genießt. In den schattenreichen Lindenalleen des Klostergartens muss man lustwandeln, wo möglich mit der gottzufriedenen Rundung und der frommen Sorglosigkeit eines ehemaligen Benediktiners, und herabschauen auf diese Gegend, so voll von unerschöpflichem Segen, dass der Klöster und Abteien noch mehr, als schon waren, ihn nicht erschöpft haben würde." Diese Beschreibung überlieferte Gustav von Heeringen 1840 auf einer Wanderung durch das Frankenland.

Diese Luftaufnahme zeigt die gewaltige Klosteranlage im Jahr 1952. 1117 wurde das Benediktinerkloster durch ein Erdbeben zerstört, aber schon 1121 stand der Neubau.

Die katholische Pfarrkirche St. Martin. Nach Abbruch von Kirche und Kloster des ehemaligen Karmelitenordens wurde auf deren Standort 1686 mit dem Bau der Martinskirche begonnen. Das Gotteshaus gilt als bedeutendste Barockkirche Bambergs und besticht durch die imposante Fassade zum Grünen Markt. Von 2014 bis 2016 erfolgten umfangreiche Sanierungsarbeiten. Geweiht ist der Bau dem heiligen Martin, der als Schutzpatron der fränkischen Könige und Kaiser gilt, die zahlreiche Kirchen errichten ließen und diese dem Schutz St. Martins unterstellten.

Spatenstich am 25. Mai 1912 für die St.-Otto-Kirche in der Gärtnerstadt. Im Hintergrund ist das Städtische Gaswerk zu sehen, das am 27. Dezember 1855 die Gasproduktion aufnahm.

Die St.-Otto-Kirche im Jahr ihrer Fertigstellung 1914. Den unvollendeten Hochaltar schuf Valentin Kraus 1926. Die Nebenaltäre stammen aus den Jahren 1915 und 1916, das Kruzifix von 1715 schuf Paul Egell.

Die Obere Pfarre um 1907. Die Kirche Zu Unserer Lieben Frau, eine Stiftung der Bürger, ist das gotische Hauptwerk der Stadt. Ihr Bau erfolgte im 14. Jahrhundert. Eine Inschrift am nördlichen Seitenschiff besagt, dass man 1338 mit der Errichtung des Gotteshauses begonnen hat.

Eindrucksvoll ragt der gotische Hochchor in die Höhe, den man 1392 schuf. Dem unvollendeten Turm wurde 1537 eine Türmerstube mit Haube aufgesetzt. 1923 hat der Türmer, der ein wachsames Auge auf die Stadt hatte, sein luftiges Stüblein verlassen. Seine Dienste waren nicht mehr gefragt.

Die evangelisch-lutherische Erlöserkirche am Kunigundendamm wurde in den Jahren 1930 bis 1933 errichtet. Den zehneckigen Zentralbau entwarf Architekt Hermann Bestelmeyer. Die Kirche war nach 1808, als die säkularisierte Stephanskirche der evangelischen Kirchengemeinde übergeben worden war, erst das zweite Gotteshaus für Protestanten in Bamberg.

Karmelitenkloster und Kirche St. Theodor. Die Klosteranlage wurde 1157 Gertrud, Witwe des Pfalzgrafen Hermann von Stahleck und Schwester König Konrads III., zur Besiedlung mit Klosterfrauen aus Wechterswinkel überlassen. 1554 erfolgte die Aufhebung des Frauenklosters, 1589 zogen die Karmeliten ein. Von der romanischen Kirche sind noch die Westfassade und ein großer Teil der Seitenschiffaußenmauern erhalten.

◂ Die Kirche St. Jakob auf dem Jakobsberg mit dem ehemaligen Kollegiatstift geht auf eine Gründung durch Bischof Hermann (Weihe 1109) zurück. Nach der Säkularisierung 1803 sollte das Gotteshaus auf Abbruch verkauft werden, wurde dann aber zwei Jahre später der Marianischen Herren- und Bürgersodalität überlassen.

Institut der Englischen Fräulein am Holzmarkt. 1716 nahmen die Englischen Fräulein in einem Privathaus ihr segensreiches Wirken in Bamberg auf. Bereits ab 1724 begannen die Baumaßnahmen für die Kirche und ein Hauptgebäude, an das sich 1736 weitere Trakte anschlossen.

Die Kirche ist fast völlig in den schlichten Gebäudekomplex eingeschlossen. Mit einem kleinen Dachreiter über dem Chor wirkt sie schlicht und einfach. Die Innenausstattung stammt noch aus der Zeit um 1730.

4

Gewerbe und Rhein-Main-Donau-Kanal

Mit dem Bau des Ludwigskanals (1843) und der Eisenbahnstrecke Nürnberg–Bamberg (1844) begann in der Stadt das Industriezeitalter. Unternehmen wie die Mechanische Baumwoll-Spinnerei und Weberei AG (1858), die Mechanische Seilwarenfabrik (1885), die Bamberger Hofbräu AG (1885) und die Malzfabrik Weyermann (1888) entstanden. Bamberg ist eine Bierstadt, deren Brauereien (1971 gab es 16) teilweise noch in die Zeit zurückgehen, bevor das bayerische Reinheitsgebot 1516 in Kraft trat. Eine große Rolle spielte auch die Gemüsegärtnerei, deren Anfänge bis ins Spätmittelalter reichen. Gegenwärtig sind noch etwa 70 Gartenbaubetriebe ansässig. Zudem bestanden in der Domstadt um die Mitte des 19. Jahrhunderts fünf Tabakfabriken, die heute längst verschwunden sind.

Gaustadt war noch eine kleine eigenständige Gemeinde vor den Toren der Bischofsstadt Bamberg, als sich die Mechanische Baumwoll-Spinnerei und Weberei 1858 hier ansiedelte. 1908 feierte das Unternehmen sein 50. Betriebsjubiläum, fusionierte 1927 mit der Erlanger Baumwollspinnerei AG und war fortan unter dem Kürzel ERBA bekannt.

Die Mechanische Baumwoll-Spinnerei und Weberei verfügte über eine riesige Werkanlage, die so groß war wie eine Kleinstadt. Um für eventuelle Brände gewappnet zu sein, unterhielt die Firma eine eigene Werksfeuerwehr, die sich aus Betriebsangehörigen zusammensetzte. Geübt wurde stets nach Feierabend oder an den Wochenenden. Auf dem Foto von 1880 ist eine Vielzahl von Floriansjüngern zu sehen.

Die Mechanische Baumwoll-Spinnerei und Weberei sorgte stets für das Wohl ihrer Mitarbeiter. So standen viele Werkswohnungen zur Verfügung, es gab einen Kindergarten, ein Badehaus, eine Werksküche und eine umfangreiche Bücherei. Anfang der 1990er-Jahre ging das Unternehmen in Konkurs. Auf dem Gelände mit den zahlreichen Fertigungsstätten, die dem Bagger und der Planierraupe zum Opfer fielen, fand 2012 die Landesgartenschau statt.

Betriebsgebäude der 1879 von Michael Weyermann gegründeten Malzfabrik. Die Firma zählt heute zu den weltweit führenden Anbietern von Brauerei-Rohstoffen. Im neu eröffneten Weyermann Craft-Beer-Shop kann man Bier in verschiedenen Geschmacksrichtungen verkosten.

Bamberger Mälzerei Akt.-Ges.

Im Jahr 1888 wurde für die zahlreichen Bamberger Brauereien die Bamberger Mälzerei Aktien-Gesellschaft gegründet. Der an der Theresienstraße gelegene Backsteinbau imponiert durch seine Größe. Heute beliefert die Mälzerei freilich nicht nur die Biersieder in der „Sieben-Hügel-Stadt" mit bestem Malz, sondern auch Brauereien im In- und Ausland.

Brauerei
Keller
Wirtshaus
Schlenkerla

‹ Das „Schlenkerla", eine Brauereigaststätte in der Dominikanerstraße 6, ist mittlerweile durch sein Rauchbier in ganz Deutschland bekannt. „Aecht Schlenkerla Rauchbier – alter Väter Brauch und sittgemäß gebräuet in meinem schon anno 1678 bestehenden Brauhaus gekühlt und gelagert in tiefen Berges Schoß, ist ein schmackhaft gesunder Lebenselixier und kommt in altehrwürdiger Gaststätte, so Schlenkerla genannt, zum Ausschank." So jedenfalls steht es in der Chronik des jetzigen Brauereiinhabers Heller geschrieben.

In die Obere Königstraße 19–21, wo sich die Brauereigaststätte „Fässla" befindet, verlaufen sich nur wenige Touristen. In der Gastwirtschaft mit Schwemme und Biergarten trifft man meist nur Einheimische. Die Brauerei wurde ein Jahr nach dem Dreißigjährigen Krieg 1649 gegründet. Das Bier ist seit eh und je von bester Qualität. Fässla-Bräu braut im Spätherbst das stärkste Bier Bambergs, den Bambergator, ein Doppelbock mit 8,5 Prozent Alkoholgehalt.

Der „Gasthof zur Post" in der Heiliggrabstraße besteht seit 1921. Das Haus mit Mansarddach wurde nach 1950 umgebaut. Wie aus einem alten Reisebericht hervorgeht, soll in Bamberg jedes dritte Haus ein Wirtshaus gewesen sein.

Der Biergarten neben dem Gasthof. Unter schattigen Bäumen sein Bier trinken – der Bamberger besucht gerne die zahlreichen Biergärten, die es in der Stadt gibt. 1439 trank jeder Einwohner im Jahr 440 Maß Bier. Sogar Kleinkinder soll man mit einer Biersuppe gefüttert haben. Im ausgehenden Mittelalter war Bier ein Grundnahrungsmittel und Volksgetränk, zudem preisgünstig und wahrscheinlich gesünder als das oft mit Keimen belastete Brunnenwasser.

Bamberg kann mit einer respektablen Anzahl von Cafés aufwarten, die auf eine lange Familientradition zurückblicken. Eines davon war die Konditorei und das Café der Familie Kamm in der Luitpoldstraße 12.

Stadtbekannt ist auch die Bäckerei mit Konditorei und Café der Familie Beckstein in der Langen Straße 9. Das bereits seit mehreren Generationen geführte Geschäft wird neuerdings als Kaffeehaus im klassischen Wiener Stil betrieben, in dem auch Gerichte für den kleinen Hunger angeboten werden. Das Foto stammt von 1934.

Dauerwellen
öhn=Wasserwellen
H. Bedstein Kaffee
LUDWIG HETTERICH

Neben Bier wurde auf dem Michaelsberg auch Wein getrunken. Um 1900 warb die Weinwirtschaft Kraft mit dieser Ansichtskarte um Gäste.

Königlich-Bayerische-Hof-Pianoforte-Fabrik Johann Christoph Neupert im Jahr 1909. Das 1868 in Münchberg/Oberfranken gegründete Unternehmen übersiedelte 1874 nach Bamberg. Der Betrieb nahm 1898 den Bau von Flügeln auf und eröffnete Filialen in Nürnberg (1900), München und Berlin. Eine Pionierleistung vollbrachte die Firma, als sie 1906 ihr erstes rekonstruiertes Cembalo der Öffentlichkeit vorstellte. Gefertigt werden heute historische Tasteninstrumente wie Hammerflügel, Spinette, Klavichords u.v.m.

Eröffnung des Prinz-Ludwig-Hafens 1912. „Alles was Rang und Namen hatte, Kind und Kegel, Alt und Jung, strömten in Scharen herbei, um der feierlichen Einweihung beizuwohnen", heißt es in einem damaligen Zeitungsbericht. Vor dem Zweiten Weltkrieg hatte der Hafen eine Zufuhr von etwa 250.000 Tonnen jährlich, aber nur eine Abfuhr von 100.000 Tonnen Gütern aller Art.

Der Bamberger Hafen verfügte über einen eigenen Gleisanschluss der Deutschen Reichsbahn, die die Güter – meist waren es Sand, Kies, Ton oder Düngemittel – weitertransportierte. Die Aufnahme entstand 1939.

Ab 1959 wurde an der Strecke des Main-Donau-Kanals zwischen Bamberg und Nürnberg gebaut. 1992 wurde der gesamte Kanal, auch „Europakanal" genannt, eröffnet, der die Nordsee mit dem Schwarzen Meer verbindet. Seine Wasserspiegelbreite beträgt 55 Meter, die Tiefe 4,25 Meter.

Auf dem Europakanal verkehrten einige Jahre lang kleinere Ausflugsschiffe von Bamberg über Forchheim nach Erlangen. Wegen zu geringer Nachfrage wurde die Schifffahrt jedoch eingestellt.

Stadtchronik

Bereits in vorchristlicher Zeit war Bamberg (Altenburg, Kaul- und Dornberg sowie die Regnitzinsel) von Menschen besiedelt. Der Stadtteil Theuerstadt ist um 200–800 n.Chr. als thüringisch-slawische Gründung entstanden.

902	In der Chronik des Regino von Prüm erscheint Bamberg als „Babenberh", 973 „Papinpere" genannt, seit 1360 „Bamberg".
1007	Gründung des Bistums Bamberg durch König Heinrich II.
1009	Auf dem Stephansberg wird die Stephanskirche mit dem gleichnamigen Kollegiatstift gegründet.
1012	Weihe des Bamberger Doms in Anwesenheit von 45 Bischöfen.
1015	Gründung des Benediktinerklosters Michaelsberg, vermutlich als bischöfliches Eigenkloster gedacht.
1046	Der Bamberger Bischof Suitger wird in Rom zum Papst Clemens II. gewählt. Nach seinem Tod im Jahr 1047 wird er im Dom zu Bamberg beerdigt.
1185	Der Dom fällt einem Brand zum Opfer. „Es war bereits seit 1087 das zweite Feuer. In angemessener Zeit, wenn auch nur provisorisch, war der Dom jedoch wieder instandgesetzt worden", berichtet der Chronist.
1338	Die Obere Pfarre am Kaulberg Zu Unserer Lieben Frau wird errichtet. Die Weihe ist unsicher überliefert (1378 bzw. 1387). Die Grundsteinlegung zum Chor geben die Annalen mit dem Jahr 1392 an.
1349	Man macht die in der Domstadt ansässigen Juden für den Ausbruch der Pest verantwortlich. Das älteste Judenviertel schloss sich an die Bürgersiedlung im Sand an und verfügte über eine eigene Verwaltung und Gerichtsbarkeit.
1525	Im Bauernkrieg plündern Aufständische den Domberg „und aufständisches Bauernvolk richtete viel Unheil am Michelsberg an und versuchte, die Altenburg zu stürmen", ist in einer alten Beschreibung zu lesen.
1618–1648	Während des Dreißigjährigen Krieges erfolgen unter dem an Wahnvorstellungen leidenden Bischof Johann Georg Fuchs von Dornheim (1623–1633), den man auch als „Schreckensbischof" bezeichnete, zahllose Hexenverbrennungen. In Bamberg waren es allein über 100 opfer, die auf dem Scheiterhaufen landeten, im Bistum etwa 1.200. Im Frühjahr 1632 geriet die Stadt in das Kampffeld des Dreißigjährigen Krieges: Tilly drängte mit 8.000 Mann 18.000 Schweden aus der Stadt, die sie fünf Monate lang bis Mitte August besetzt hatten.
1758	Im Gärtnerviertel brennen 58 Häuser ab.
1787	Nahezu die ganze Obere Sandstraße wird ein Opfer der Flammen.
1808	Von 1808 bis 1813 weilte der Schriftsteller, Komponist und Zeichner E.T.A. Hoffmann in Bamberg. Sein Wohnhaus steht am Schillerplatz.

1855	Das Gaswerk wird in Betrieb genommen, in den 1960er-Jahren auf Ferngas und ab 1971 auf Erdgas umgestellt.
1874	Die erste Wasserleitung wird in Betrieb genommen. 1889 hat das gesamte Rohrnetz eine Länge von 32 Kilometern.
1910	Die Stadt zählt 48.043 Einwohner, 40.361 Katholiken (84,0 Prozent) und 6.460 Protestanten (13,4 Prozent).
1939	Im Zweiten Weltkrieg (1939–1945) blieb die Stadt – abgesehen von der Bombardierung des Grünen Marktes sowie der Hauptwachstraße und der Sprengung der Brücken – von Zerstörungen verschont.
1950	Die Stadt hat 76.180 Einwohner, bedingt durch den Zuzug von Heimatvertriebenen. 1939 lag die Einwohnerzahl erst bei 55.854.
1957	Im Stadtgebiet gibt es 94 Industriebetriebe mit 12.562 Beschäftigten.
1981	Die UNESCO erklärt Bamberg als „größte erhaltene Altstadt Deutschlands" zum Stadtdenkmal und 1995 zum Weltkulturerbe.
2012	Die Landesgartenschau findet in Bamberg statt.
2014	Die US-Armee zieht ihre etwa 8.000 stationierten Streitkräfte aus Bamberg ab.
2019	Bamberg ist mit rund 76.500 Einwohnern und 13.000 Studenten zum wirtschaftlichen Zentrum Oberfrankens aufgestiegen. Das Stadtgebiet nimmt eine Fläche von 5.461 Hektar ein, wovon allein 250 Hektar auf die mehr als 2.000 denkmalgeschützten Gebäude entfallen (rund 4,5 Prozent).

Hatte der Reisende den Bahnhof verlassen, zeigte sich ihm um 1900 die Luitpoldstraße fast noch wie im Dornröschenschlaf. Nur wenig Fußgänger sind unterwegs, nicht einmal Fuhrwerke und Handkarren sind zu sehen. Heute herrscht hier ein dichtes Gedränge von Autos, Bussen und Menschen.

Danksagung und Bildnachweis

Für die Bereitstellung des Bildmaterials sei folgenden Personen und Institutionen gedankt: Bildarchiv Foto Marburg, Fröba, Rhein-Main-Donau AG, Kröner, ERBA AG, Brauerei Fässla, Brauerei Heller, Bamberger Mälzerei, Stadt Bamberg, Remeis Sternwarte, Klavierfabrik Neupert, Katholisches Pfarramt Sankt Otto, Fremdenverkehrsamt Bamberg.

Dem Sutton Verlag sei an dieser Stelle herzlich gedankt, dass er dieses mit viel Herzblut gestaltete Buch in sein Verlagsprogramm aufgenommen hat.

Die Bamberger Hofbräu in der Pödeldorfer Straße – hier eine Aufnahme aus dem Jahr 1962 – nahm den Sudbetrieb 1885 auf. 1919 übernahm die Hofbräu die Erlanger Brauerei Erlwein und Schultheiß und nannte sich fortan Hofbräu AG Bamberg und Erlangen. 1972 ging die Braustätte an die Patrizier Bräu Nürnberg, die zum Schickedanz-Konzern gehörte. Die Biermarke Patrizier hatte jedoch in Franken keinen guten Ruf und so kam es 1995 zur Schließung und Übernahme durch die Tucher Bräu.

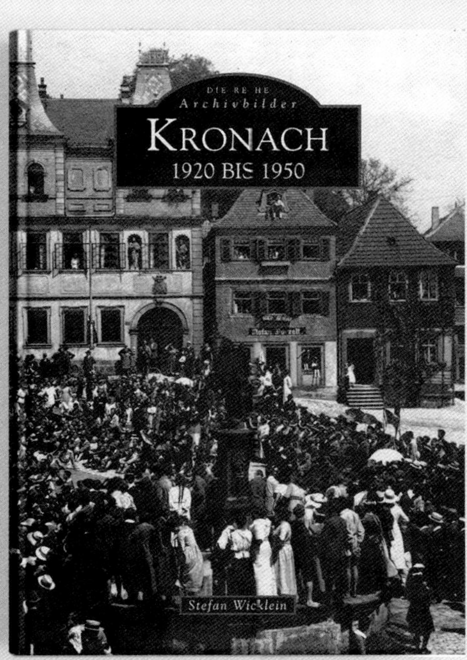

978-3-89702-898-2 | **19,99 €**

978-3-86680-211-7 | **20,00 €**